Step3 應用篇

応用編

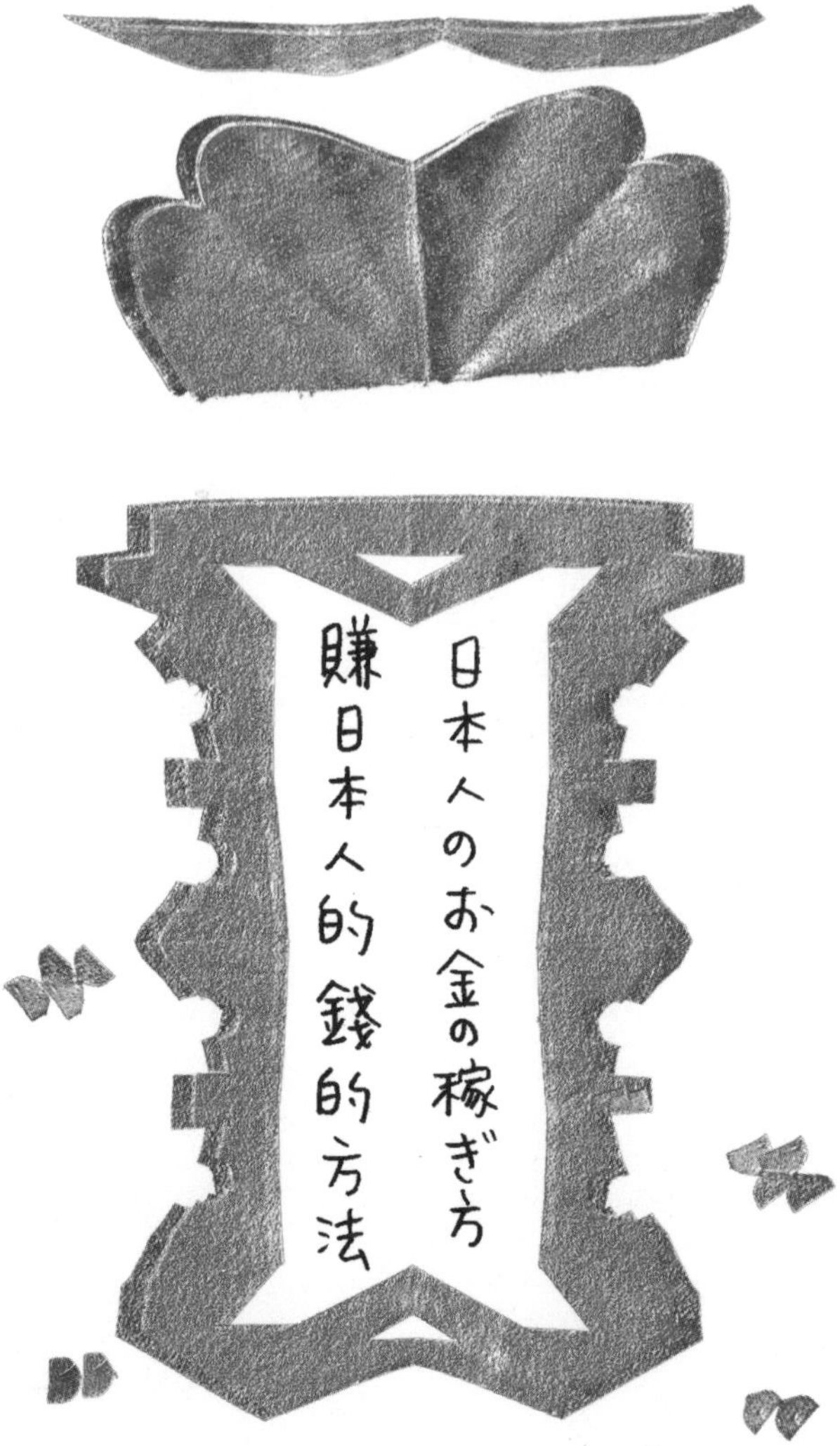

日本人のお金の稼ぎ方

賺日本人的錢的方法

了解日本人的喜好，因應需要，提升服務。
在國外日本人的荷包也會看管得比較鬆。
一起來思考讓他們對台灣上癮的方法。
以下是我的提議，請參考。

好みを知って、ニーズに応え、サービス向上。
海外では、日本人の財布の紐も緩みやすくなります。
何度も来たくなる仕掛けを考えましょう。
参考にしてください。

＊開不使用油或是使用微量油的中國餐館或是台灣餐館。似乎不可能吧，打破中國菜＝油膩的概念，在日本也尚未有這樣的店，雖然很困難，但值得一試。

＊蛋餅和飯糰很受日本人喜愛，最好能有用日文也能溝通的美而美或是永和豆漿般的店。或是在日本開賣蛋餅和飯糰的早餐店，這個絕對會賣。

＊觀光景點應該設置旅遊資訊中心。但是在這裡工作的人，要發揮台灣人多管閒事的本性，或是和觀光客打屁裝熟。這麼一來，資訊中心本身就是觀光點。 因為服務人員是台灣人，即使不用我說也會很熱心。

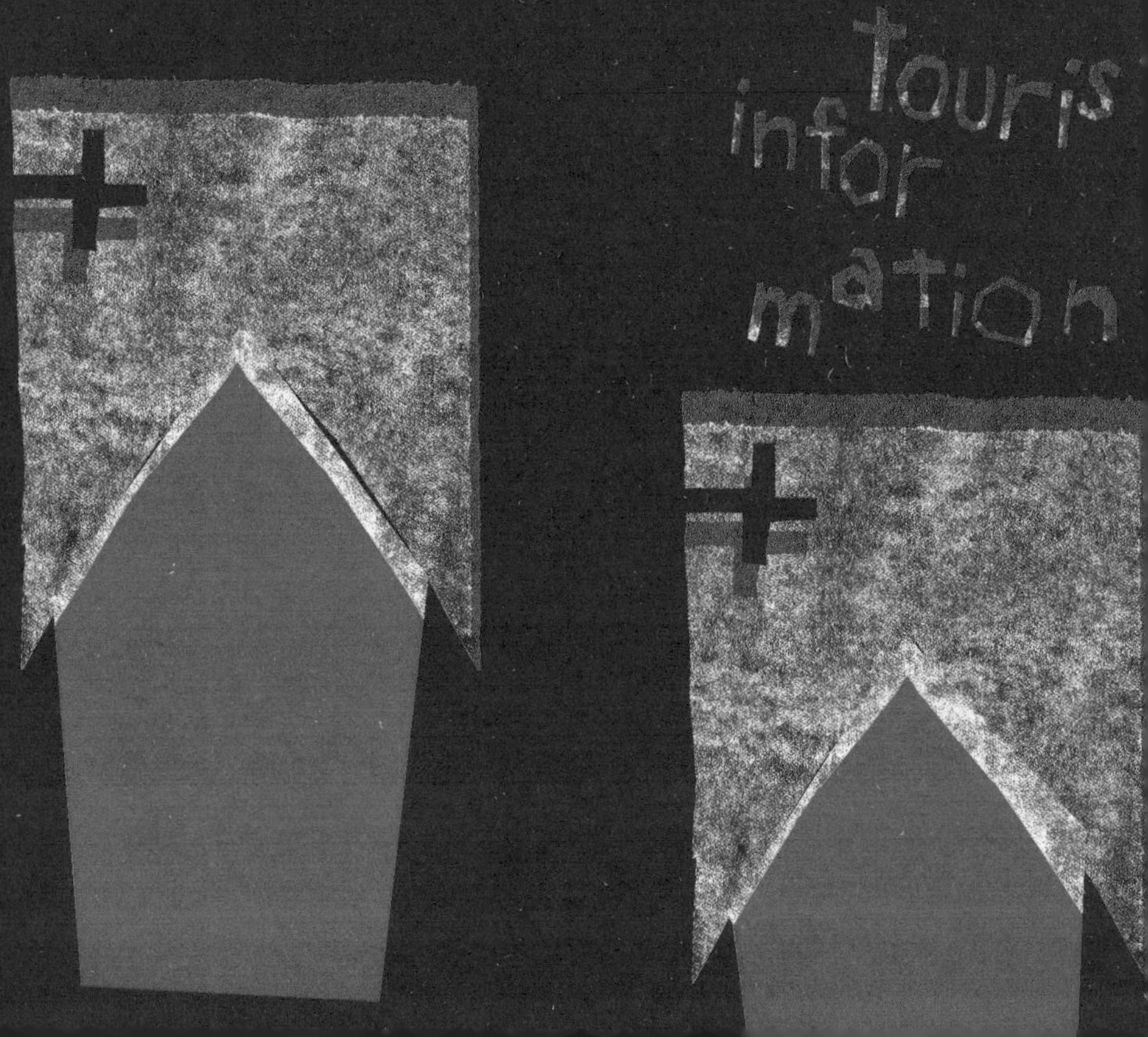

＊油無使用、もしくは油微使用の中華料理店、または台湾料理店を開く。不可能だろうけどね。中華＝油っこい、の概念を打ち破る、日本にもない店を作ってみる価値はある。大変だろうけど。

＊蛋餅や飯団は、日本人に結構ウケがいいので、日本語対応の美而美や永和豆漿系のお店を開く。もしくは、日本で蛋餅や飯団を売る朝ご飯屋さんを開く。これは絶対に当たる。

＊観光スポットにツーリストインフォメーションを設けるべき。でも、そこで働く人は、目一杯台湾人お得意のおせっかいを焼いたり、無駄話をして馴れ馴れしくする。すると、ツーリストインフォメーション自体が名所になる。台湾人のことだから、私に言われなくてもおせっかいは焼くだろうけど。

＊開一家集合台灣製，但卻有奇怪日文包裝的商品的店。然後還要雇用一些講怪怪日文的人。如果店員應對日本客人時的日文變好的話，就不再需要，開除！

＊台湾製の変な日本語のパッケージの商品だけを集めたお店を開く。ついでに店員も怪しい日本語を話す人ばっかり雇用する。日本人客の対応で日本語がウマくなった人は、要らないのでクビ。

＊為了看起來很豪華故意使用陶器製的高級紹興酒的容器顯得特別笨重。因為很重所以很多人不想買。最好是想辦法減輕這種笨重的商品且要維持高雅的設計感。其他笨重的土產也一樣要減重，大的東西想辦法變小。

＊高級紹興酒の容器が、豪華に見えるように陶器製で無駄に重い。重いから、買って帰りたくない人も多い。デザインの高級感は落とさぬように、超軽量の物にするなど工夫する。他のお土産も重い物は軽く、大きい物は小さくするよう考える。

＊有賣食物的攤販的附近，請多設幾個垃圾筒，而且要隨時保持乾淨，不要每次都讓垃圾滿出來，創造一個乾淨的台灣唄。

＊食べ物屋台が出る場所の近くに、ゴミ箱をたくさん設置する。ゴミ箱は、いつも溢れないようにキチンと管理する。クリーンな台湾にしてちょ。

台北機場的免稅店裡不要盡是些黏客人很緊的歐巴桑。因為那些歐巴桑總是靠客人太近，不斷想說服日本人買東西，這樣可能會被日本人懷疑是扒手。這麼一來可能適得其反，就算死也不買。

檳榔攤最好有「附上吃法的單顆試賣」。我想觀光客大家都會想嘗看看吧。並且準備金色包裝或是上等檳榔等高級的檳榔，高價賣給喜歡的客人。

小米酒很好喝，最好能賣給日本人，讓觀光客在各處都能買到小米酒。

日本人一聽到「書上有寫」就無法抵抗，觀光局最好雇用我來寫東西。

＊台北の空港の免税店のおばさんのようにしない。おばさんが、客に超至近距離でピッタリくっついてシツコク付きまとうのは、万引きを疑われている気がする。アレをやられると逆に死んでも買うかという気になるので注意。

＊ビンロウの「咬み方指導付きお試し一個売り」をする。観光客は、みんなちょっとやってみたいと思っている。ゴールドパックビンロウとかビンロウプレミアムとかの高級ビンロウを用意しておいて、気に入った客に高めに売りつける。

＊小米酒はおいしいので、日本人に売った方が良い。どこでも手軽に買える様にするべき。

＊日本人は、「本に書いてあった」とかに弱いので、観光局が私を雇って、なんか書かせる。

日本人の彼氏彼女の作り方（イメージ）

如何交到日本男朋友和女朋友（想像）

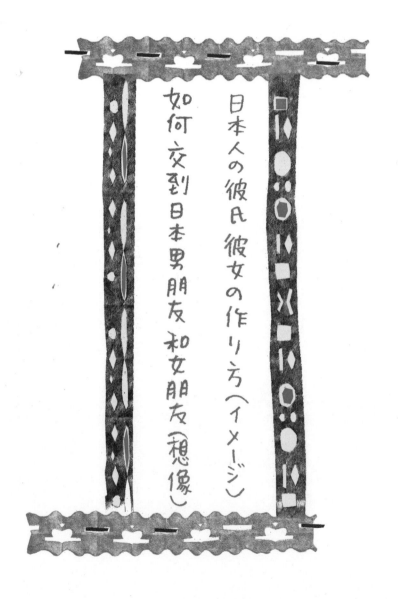

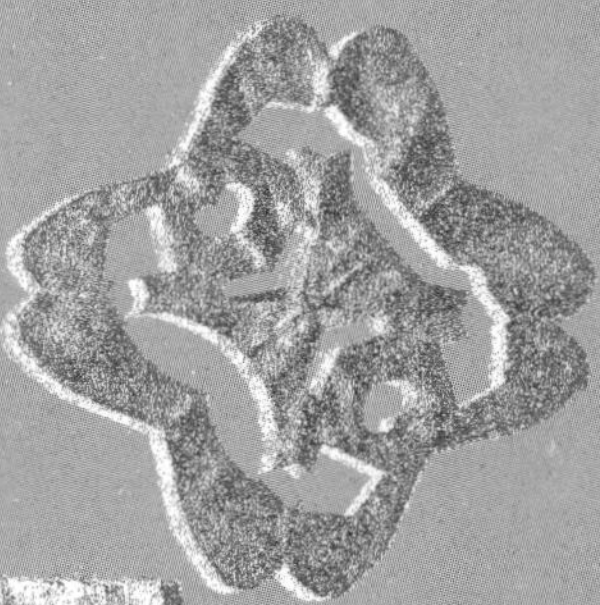

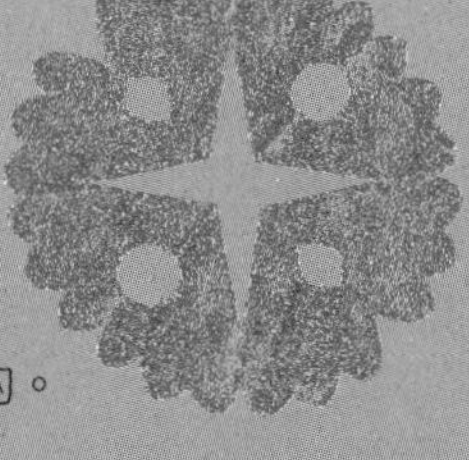

比想像中還要容易成為男女朋友。
但是，很遺憾的我沒有經驗，
只能偷窺周圍朋友的經驗來寫。
雖然是我自己想到要寫這個題目的，
後來發現我沒有親身經驗，只好用（想像）的。

予想以上に、簡単にカップルが成立しています。
でも、残念ながら私はこの手の経験がないので
周りの人の経験を盗み見して書きました。
このテーマを書こうと自分で思いついたのはいいけど
経験がないことに気づいたので、（イメージ）としました。

台男和日女的配對。

這是超級容易的情侶組合，不論長相如何的日本女生，來台半年到一年的期間有80％以上都會交台灣男朋友，

真是羨慕。

好像是因為台男比日男強勢，而且認識後，會立刻付諸行動。在日本，即使無法成為男女朋友，只要是合得來的異性，兩人單獨外出也不是什麼特別的事。

但是，台男，尤其是不太有異性緣的台男，只要約一次對方答應的話，馬上就把她當成是「我的女友」來看待。雖然日女可能會覺得對方是不是會錯意了？但因為從沒被如此強烈追求過的日女，被約了之後（即使不是自己喜歡的類型）也通常會答應兩人單獨出去。

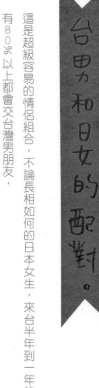

台湾人が男で、日本人が女の場合。

これは、すご～く簡単にカップルができる組み合わせです。どんな顔の日女でも、来台半年から一年で８０％以上が台男彼氏を作っています。

羨ましい。

どうも台男は、日男より押しが強く、出会ってからの行動がすばやいみたいです。

日本では、彼氏彼女のお付き合いに発展しなくても、話が合う異性の友達と二人っきりで出かけることは、特別なことではありません。

でも、台男の、特にあんまりモテない台男は、一回お誘いにオッケーしたら、すぐさま『俺の女』扱いをするようです。

なんだか勘違いされてるな？と思いつつも、激しくプッシュされたことがない日女は、誘われるがままに（好みでもない男と）二人っきりで出かけてしまいます。

此時，兩人之間的語言溝通佔50％，各種情況在曖昧的狀況反而利於繼續發展下去。如果語言能通的話，這種關係是不會成立的，一下就會發現是對方會錯意了。所以，相識時兩人的其中一方的外語能力不好是最理想的狀態。此外，台男最好不要太帥，反而能讓日本女生卸下心防，這是重點。如果太帥，一開始可能就會有「不會吧？」的意識。說穿了，兩國異性緣差的人在自己國家找不到對象，來到其他國家再怎麼樣也有辦法吧，就是這種感覺！

然後，不久，日女會被介紹給台男的朋友們，才發現被台男的朋友當成女友級來對待。此時，一般認真的日女會開始思考自己是否喜歡這個台男，很多的日女因為沒有被如此積極追求過，陶醉在這種情境裡，再加上是在國外，會變得很隨便，然後就進入親親階段了吧。

この場合、二人の間の言語による意思の疎通は50％。様々なことをあやふやなまま押し切ることが重要のようです。言葉が通じてはこの関係は成り立たず、勘違いに一気に気づいてしまいます。だから、出会いには、どちらか片っぽの語学力が劣っている状態がベスト。それに、台男があまりカッコ良くないことが、日女のガードを緩めるポイントです。カッコいいと、最初っから「もしや?」と思って意識してしまいます。ま、結局両国の冴えない奴同士が自国内で相手を見つけられず、他の国のでどうにかしてるって感じ。

で、やがて日女は台男の友達等に紹介され、その友達の自分に対する扱いが、彼女級であることに気づきます。ここで通常の真面目な日女は、この台男のことが本当に好きかどうか考えたりしますが、多くの日女は、激しくプッシュされたことがないので、この情況に酔いしれ、その上、海外ということもありだいぶ適当になります。そんで、多分、ちゅっちゅっとかしちゃうんだと思います。

～變成男女朋友～

～カップル成立～

1

之後。日女要回國時，大部分會……

その後ー。日女は帰国の時が来ると、大体……

「那麼，再見囉」

「じゃあね」

很乾脆地回國去。

と言って、サックリ帰って行きます。

2

台男會很驚訝。

台男、ここでビックリ。

3

很失望。

ガックリ。

最好不要淚灑機場，台男最好是不要繼續追。

涙のお別れでもしてない限り台男は追わない方がベター。

4

日女已經從夢中醒來。
即使淚灑機場也沒有用，

日女は、もう夢から醒めちゃったのです。
もし涙のお別れがあったとしても、

5

「你們要談遠距離戀愛是不可能的」
「遠距離恋愛はありえないよ」

因為語言又不通。
だって、アンタたち言葉が通じないから。

6

一旦分開後，要分手是遲早的問題。
但是，如果哪一方是有錢人，
能夠時常飛去見對方的話，
之後毅然決然結婚的稀有例子也是存在的。

一度離れちゃったら、別れるのは時間の問題です。
でも、稀にどちらかがお金持ちで
しょっちゅう相手に会いに行ける人もいる
みたいだから、ガッツがあれば、結婚するみたい。

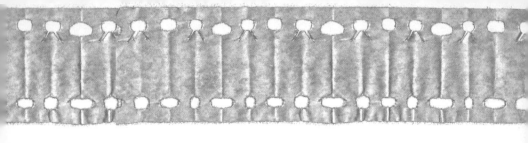

台男和日女交往的注意事項。

1

選擇日女時，標準不要太高。降低標準比較容易得手。醜女（因為我忌妒她們）沒被熱烈追求過，很容易上勾。即使我在這裡不寫出來，台男也能本能地釣到不怎麼可愛的日女，所以應該不用我擔心才是。

2

注意一下穿著和髮型。日男比台男注重穿著打扮等外表。雖然人不能只看外表，但如果 sense 太差，內在也可能會被認為很怪。但是，sense 不好的人努力想打扮時髦好像通常也沒什麼好結果，所以只要簡單、乾淨就足夠了。如果被認為很怪，戀情很難會有進展的。

3

日本的年輕人，只要是好朋友（不論男女）對於大家共喝一罐啤酒或是使用同一雙筷子其實沒有什麼抗拒。在台灣只有情侶會刻意一起共喝一杯飲料，有人會用這種方式來向周圍的人炫耀，很像中學生，日本人根本不當它是一回事。因此，台男看到最好不要以有色眼光來看或是生氣吃醋，只要告訴她們台灣的習慣就好。

4

注意鼻毛。

5

小指的指甲不要留長。

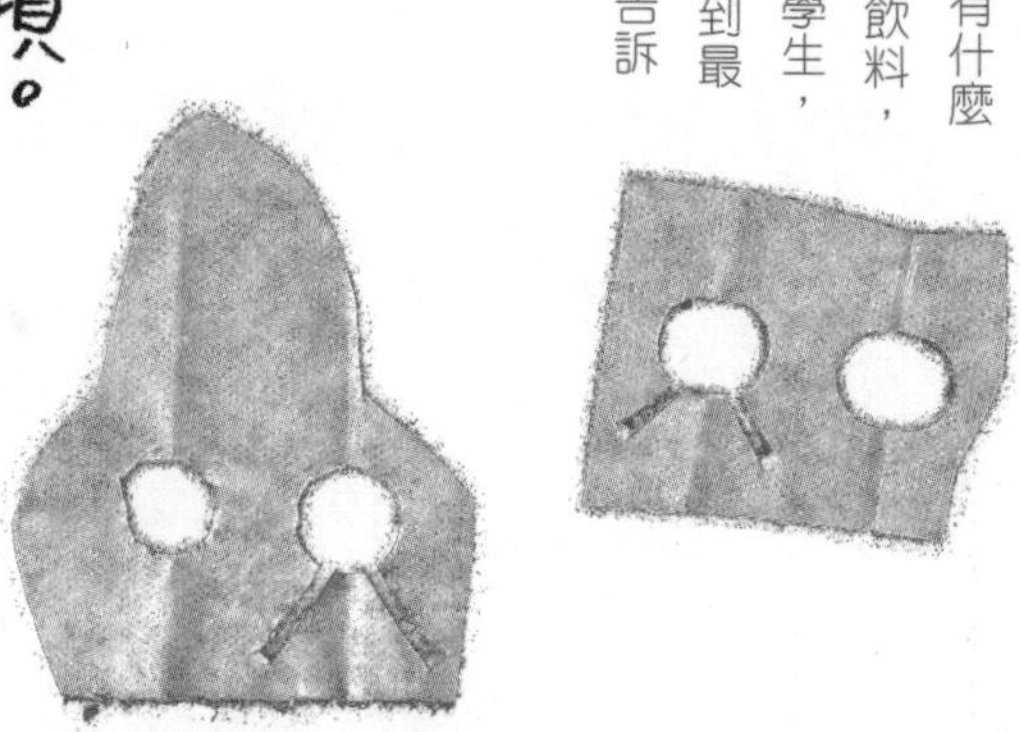

＊↑不是山。是鼻子和鼻孔和鼻毛　＊山じゃない。鼻と鼻の穴と鼻毛です

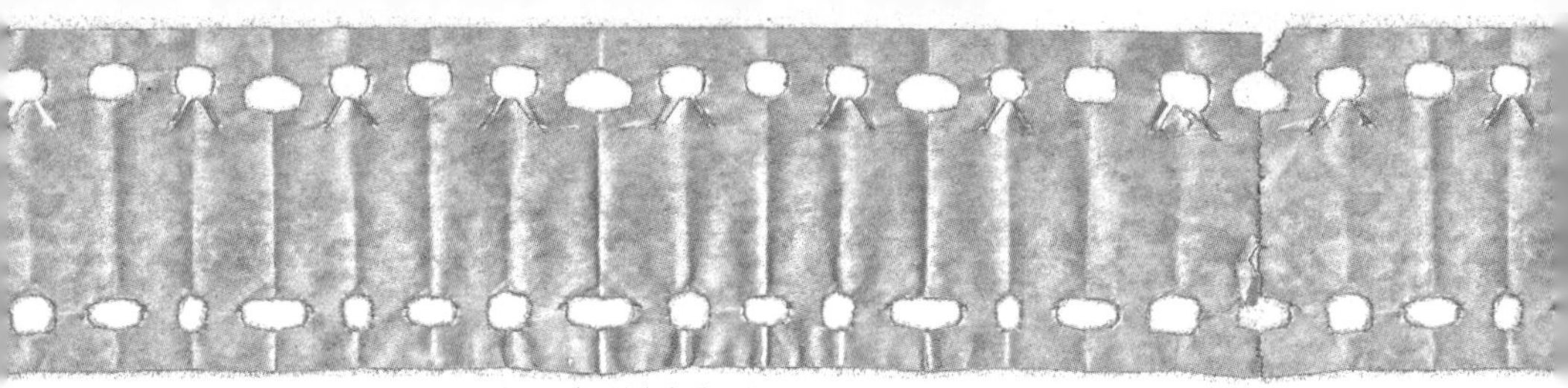

＊↑不是底片。是鼻孔和鼻毛　＊フィルムじゃない。鼻の穴と鼻毛です

台男が日女とつきあうための注意点。

1

日女を選択する時、あまり高望みはしない。少しレベルを下げたほうが、押しやすい。ブスは押された事ないので、引っ掛かりやすい。私がココで書かなくても、台男は大して可愛くない日女を本能できっちり捕まえてる傾向にあるから言わずもがな。

2

服や髪型に少〜し注意。日男は、台男に比べて服や外見に気を使います。人間は中身じゃないけど、あまりセンスが悪いと中身も変に見えます。でも、センスが悪い人が、がんばってオシャレをしてももっと変になる危険度大。シンプル、清潔で十分です。怪しいと思われたら、恋には発展しません。

3

日本の若者は、仲が良ければ友達同士（男女間も含む）で缶ジュースの回し飲みや、一つの箸を使って食べることにそれほど抵抗がありません。台湾は、カップルだとこれ見よがしに一つの飲み物を飲み合い、カップルであることを周りに誇示したりする人がいますが、そんな中学生みたいです。ウチらそんなの屁のかっぱ。だから、それをスケベな目で見たり、焼きもち焼いてキーキー怒ったりしないように。台湾の習慣を教えてあげればよし。

4

鼻毛に注意。

5

小指の爪は、伸ばすべからず。

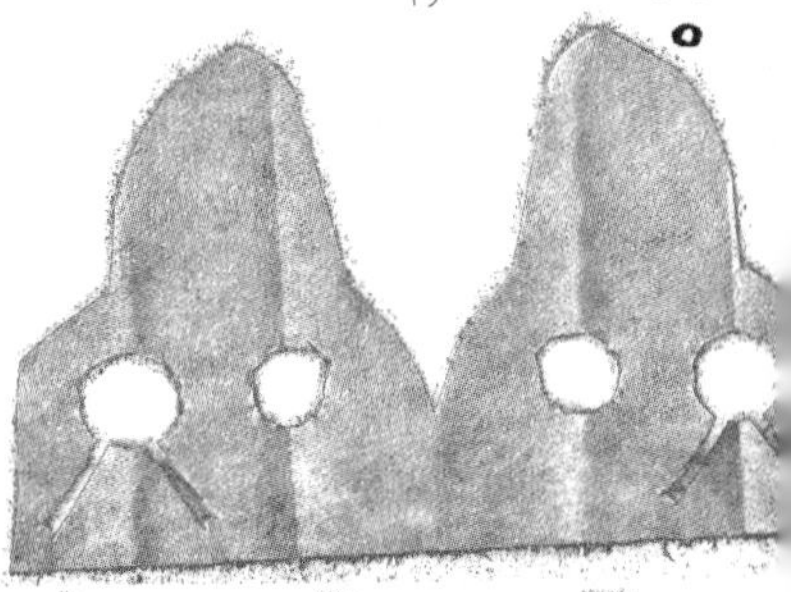

・台女和日男的配對。

台女也比日女強勢，比較愛黏人。日男因為適應環境的能力比女生低，在國外碰到困難時，如果有人照顧，就無法離開那個女生。所以在不要太過的程度下照顧日男是最有效的方法。但是，日男整體比較起來，沒有台男那麼熱心的接送女友或是幫女生拿行李這般體貼。付帳時他們比較喜歡平均分擔，所以不像台男會請客，台女想要被照顧是不行的。因此，台女配上日男的情侶比台男配日女的例子少，我身邊也沒有。以日本人的角度來看，每次都得請客的台男很了不起。不，應該是說很辛苦吧。我會注意下輩子生來不要是台男。日男則是把這些錢省下來打點自己的門面。台男不太把錢花在打點自己的行頭的樣子。台女只能從小氣但時髦或是大方但很俗中選擇其一，但如果選一個有錢的日男或許就能避開這個問題。因此，台女下輩子應該會想，最好注意不要變為日女。但是，日女會去發現日男其他的魅力所以也還好。應該說，在日本的話身邊只有「那個（日男）」，所以只好將就「那個（日男）」。活潑和善，健康又有型的台女，如果有魅力再加上忍耐力的話，應該就能和日本人交往吧。

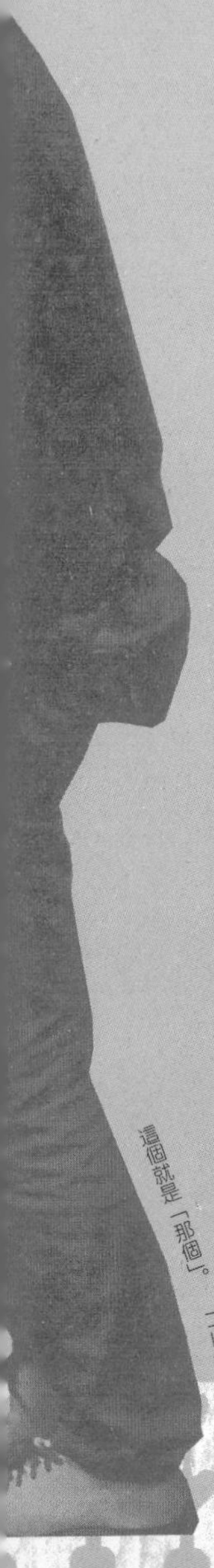

這個就是「那個」。 コレが「アレ」です。

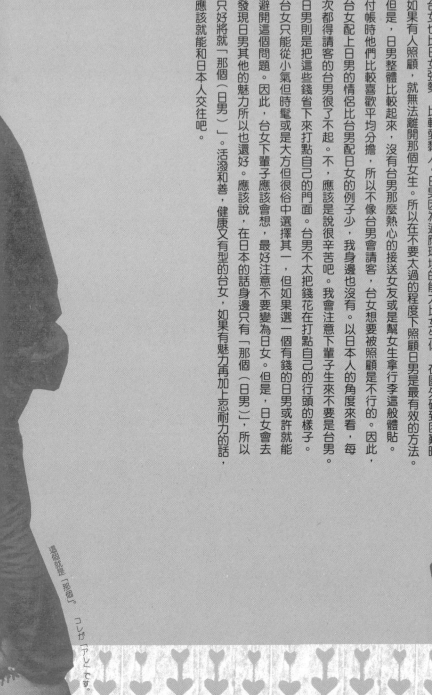

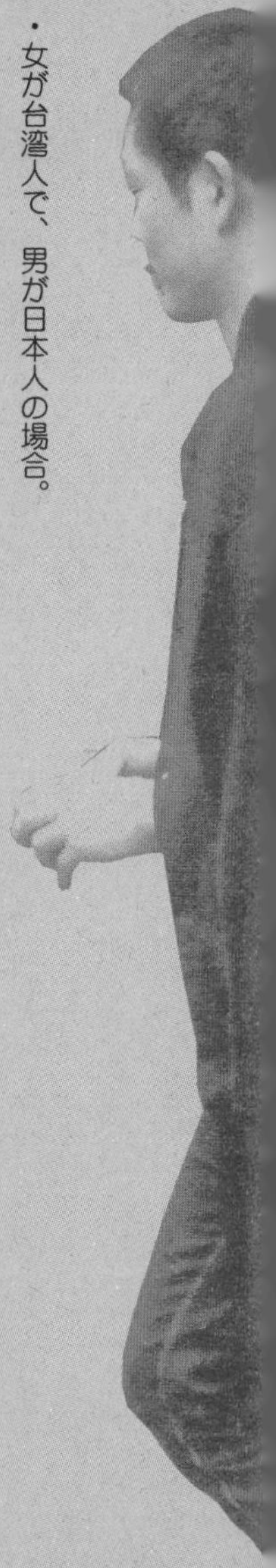

・女が台湾人で、男が日本人の場合。

台女も、日女より押しが強い。比較的ベタベタする。日男は、女より環境適応能力が低いので、海外で困ってる時に面倒みてくれる人がいると、その人から離れられなくなります。やりすぎない程度に世話を焼いてあげるのが有効です。

しかし総体的に、日男は台男より彼女の送り迎えとか、荷物を持つことに熱心じゃないし、割り勘が好きです。台男ほどおごってくれません。台女は、世話を焼かれようと思ってはダメです。だから、台女×日男は、台男×日女よりカップル例が少ないです。私の身近にもいません。日本人からすると、おごってくれる台男はエラい。というか、大変そう。私は次に生まれ変わるとしても、台男には生まれて来ないように気をつけたいです。日男は、どうも、ココで浮いたお金を自分の身なりに使ってる感じがします。台男は、このため自分の身なりに使うお金がない様子。台女は、ケチでオシャレがいいか、金払いがいいけどダサイのがいいか、という選択になりますが、金持ち日男を探すと問題は少し回避されます。ここで台女は、次に生まれ変わっても、日女にだけは生まれて来ないように注意しようとか思うんでしょうね。でも日女は、キチンと他で日男の魅力を見出しているからいいんです。というか、日本にいたらアレ（日男）しか見てないから、アレ（日男）でいいんです。台女は、溌剌としてニコニコしていて、健康的でスタイルガイイ。魅力と忍耐力がある台女が日男と付き合っているんだと思います。

像長在嘴巴上面的胎毛，還是要刮乾淨喔~

も口の上に生えていたら処理しましょう

サンタクロースじゃないよ、ヒゲの生えた女です

台女和日男交往時的注意事項。
台女が日男とつきあうための注意点。

1 不要在路邊對日男發脾氣。

2 對日男最好不要有什麼想要他為妳做些什麼的期待。

3 想辦法處理鬍子。

敗犬的我沒有經驗，故把有的沒有的想說的全部都寫了出來。但是，很有趣不是嗎。所以，請不要生氣。戀愛是最好的國際交流。如果有機會，我也一定要參加♡

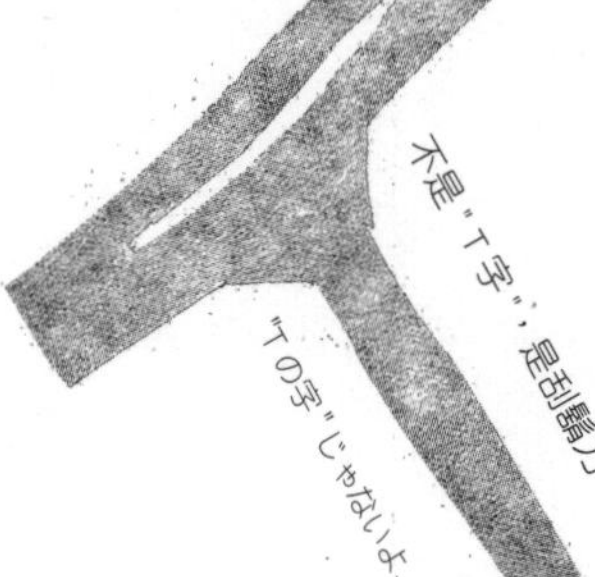

不是"T字"，是刮鬍刀

"Tの字"じゃないよ、ひげ剃りです

剃鬍子的道具

ヒゲを処理する道具たち

雖然不像男人的鬍子又硬又濃

男の人のように硬くて濃い毛じゃなくても産毛のようなも

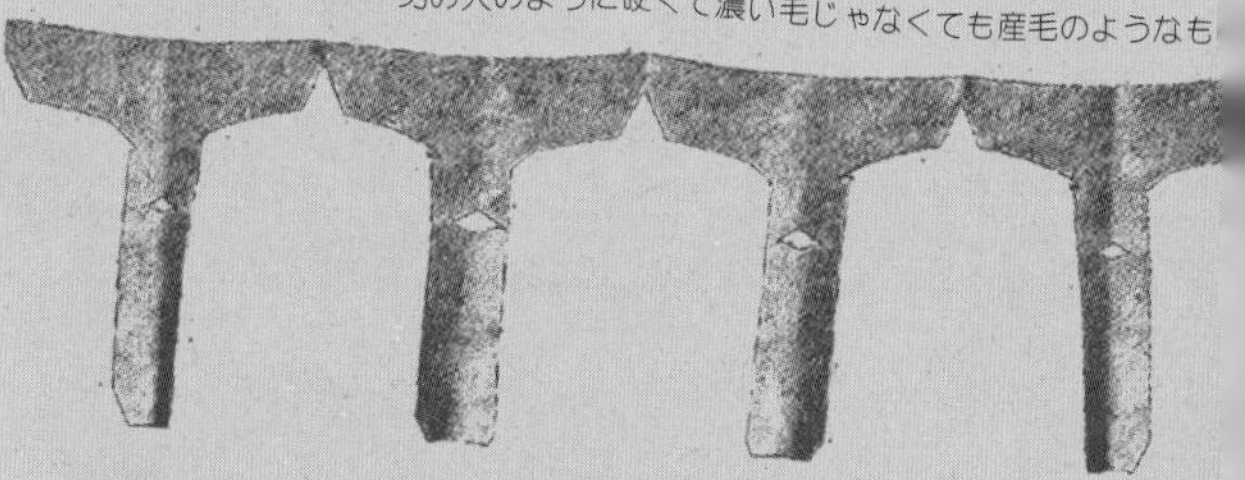

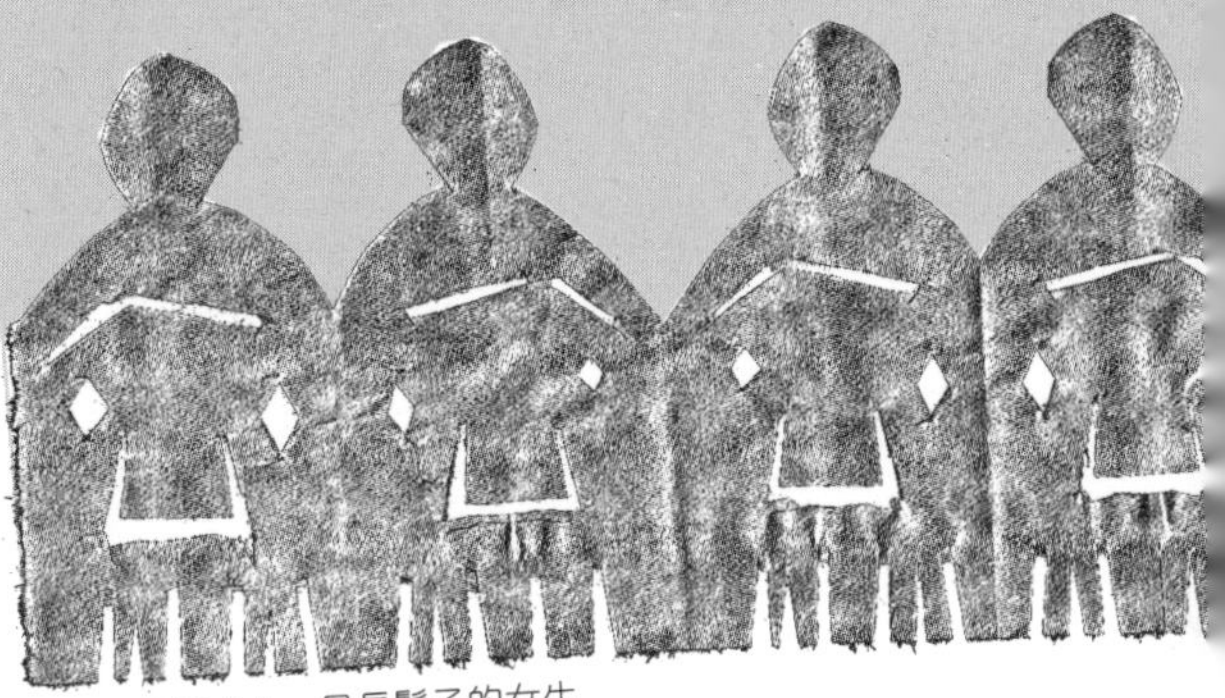

不是聖誕老人，是長鬍子的女生

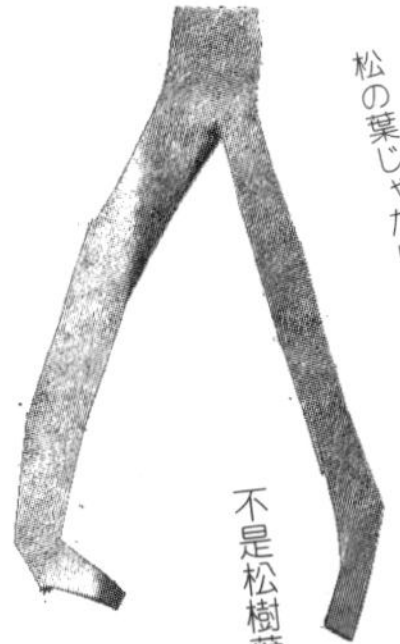

松の葉じゃないよ、毛抜きです

不是松樹葉，是拔毛的鑷子

1 日男に対して、なるべく道端とかで感情的に怒らない。

2 日男に何かしてもらおうと期待しない。

3 ヒゲをどうにかする。

負け犬の私が、経験もないのに
あることないこと言いたいこと書きました。
でも、面白いでしょ。
だから、怒らないでね。
恋愛が一番いい国際交流。
私も機会があったら是非、参加させてくださいね♡

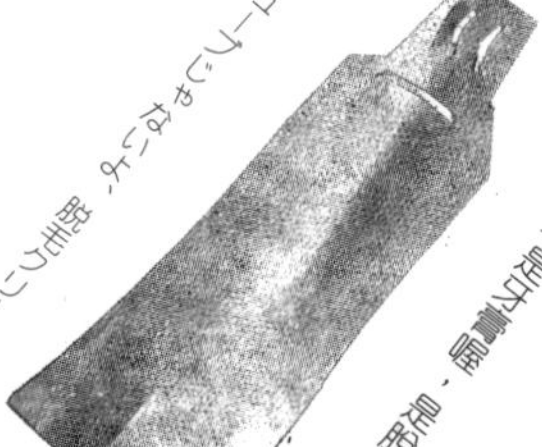

歯磨きのチューブじゃないよ、脱毛クリームです

不是牙膏喔，是脫毛膏

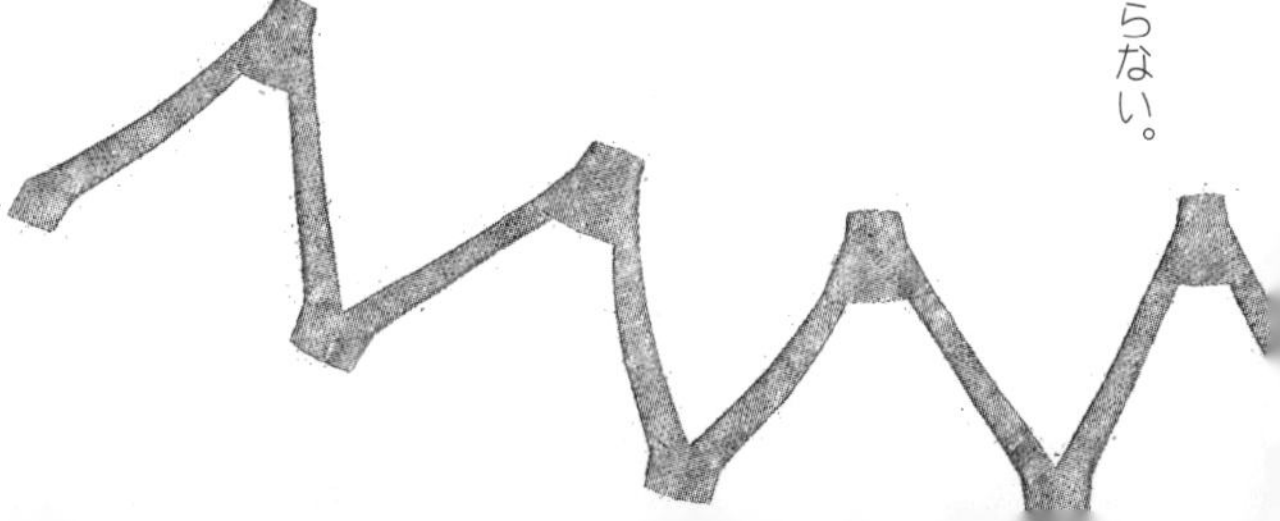

如何和日本人建立長久的朋友關係

日本人と長い友達関係を築くには

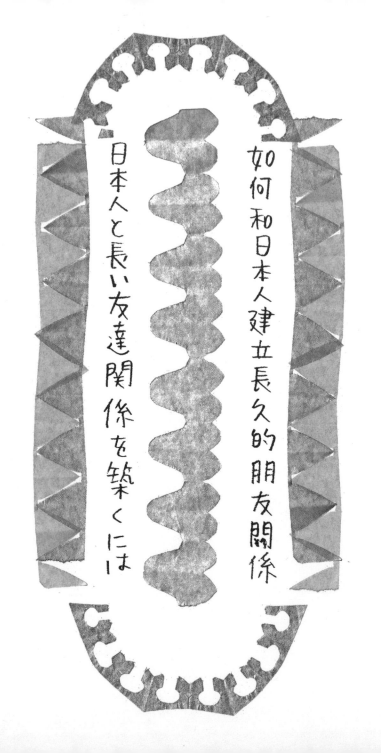

認識成為朋友後，要如何維繫呢？
很容易變成三分鐘熱度的台灣人
和回日本後就裝忙，
連絡越來越少的日本人之間
要如何建立深厚的的友情呢。

知り合って、友達になった後は
それをどう維持するか？
ちょっと飽きっぽい台湾人と、
日本に帰ると忙しぶって連絡が薄くなる日本人との間に
深い友情を築くには。

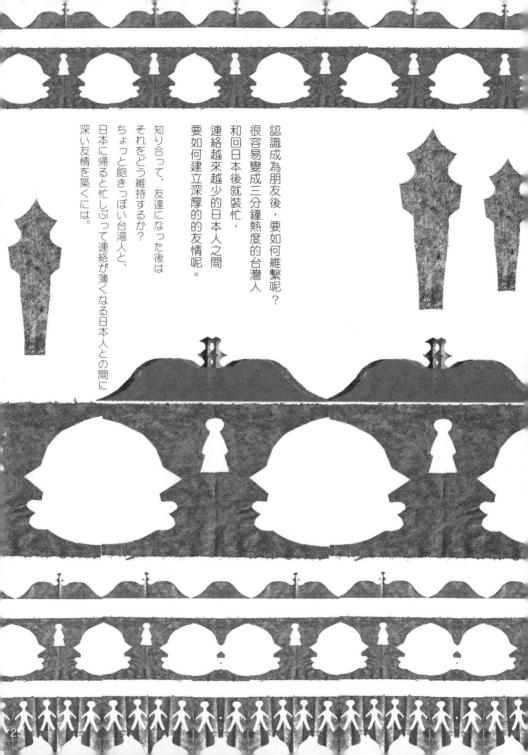

請吃

只要用大腦想想每個人都能理解的簡單方法

要和日本人成為好朋友需要花些時間，最好是能夠定期取得連絡。不光是剛認識時常連絡，要當成長期作戰，一點一點累積。還有，抓住他們的胃。也就是說，給他們好吃的東西，他們就會想再來，還要讓他們覺得你想帶他們去，這樣他們就會主動連絡。

培育『台灣宅族』的高難度方法

日本有許多台灣宅族。這些人對台灣的愛很容易長久持續下去，讓我們想辦法來增加這類人。像是對歷史或文化研究很有興趣，熱心於研究的研究所學生、學者，或是退休後當成自我興趣研究台灣的歐吉桑；迷上台灣偶像的三十幾歲的小富婆OL；著迷於台灣茶，想學中文的三十幾歲的小富婆OL，還有迷上變裝個人寫真的三十幾歲的小富婆OL等等。也有人一有台灣相關的電視節目每次都會自動錄下來。這些人會一直注意台灣，一年會來台灣好幾次，而且會主動想要和台灣人交朋友。

對研究台灣有興趣的日本宅族，台灣的學者和學生們最好能針對日本學辦各種活動吸引這類人。因為我是門外漢，只能口頭上替他們加油。

但是，這些宅族即使不管他們，他們也會持續愛台灣的。

ちょっと考えれば誰でも分かる単純なやり方

日本人は、仲良くなるのに時間がかかるので、時々連絡を取るようにする。出会った時ばかり連絡を取るのだけではなく、長期戦で考える。じわじわやる。または、胃袋をつかむ。つまり、おいしい物を食べさせるとまた来たがるし、連れてってもらいたいと思うから、向こうも連絡を取ってくる。

『台湾オタク』に育てるという高度なやり方

日本には、台湾オタクがいます。この人たちは、台湾への愛情が長続きしやすいのでこういう人たちを増やしましょう。歴史や文化に興味を持って、熱心に研究している大学院生、研究者、勝手に趣味で研究しているリタイアしたオッサンや、台湾のアイドルが好きな三十路越えした小金持ちＯＬや、台湾茶等にハマって中国語をかじり出した三十路越えした小金持ちＯＬや、変身写真にハマった三十路越えした小金持ちＯＬだったりします。台湾関係のテレビ番組の放映があると自動録画されるように設定している人もいます。この人たちは、専門で台湾を追っかけて、年に何度もやってきて、自ら友達になる事を欲します。研究的な関心を持つオタクの日本人対応は、台湾の研究者、学生にがんばってもらいましょう。私は門外漢なので、がんばれとしか言えません。でも、この手のオタクはほっといても長く台湾好きを持続します。

請吃

喜歡台灣偶像的宅族是最熱情的。大部分的人喜歡Ｆ４，但Ｆ４也會漸漸老去，要不斷向日本推銷新偶像才行。新偶像的誕生，有助於維繫舊的宅族和開拓新的宅族。新的偶像要在Ｆ４還很受歡迎時就開始在他們演唱時在周圍轉來轉去伴舞，出現在Ｆ４迷的視線範圍裡。這就是日本傳統的偶像製造法，可以不斷推出新的偶像。

只是，有一個小問題。同年齡同年代的人比較容易成為朋友，但是，這些宅族們大部份都是歐巴桑的年紀，和這些歐巴桑同年代的台灣歐巴桑們是否會對偶像如此狂熱？如果被拜託幫忙收集偶像的資訊，或是被要求一起去參加偶像的演唱會，有可能嗎？如果沒有共同的話題，朋友關係就很難長久吧。為了有共同的話題，我想最好能多創造一些不同類型的偶像比較好。例如，Ｆ４外可以有Ｇ５，原住民的日文讀音是genjumin，五位原住民組成的團體也不錯吧？我知道不錯的原住民樂團。如果厭煩了話，還可以有Ｈ６，客家（客家讀音：hakka）的六人團體。如果能有這些與眾不同的偶像，我和台灣宅族就能有很多共同話題，這樣實在太好了。

台湾アイドル好きのオタクは、いちばん熱いです。大体Ｆ４が好きですがＦ４もそのうち歳をとりますから、次の日本向けのアイドルをどんどん生み出しましょう。新しいアイドルを生めば、古いオタクの維持と新しいオタクの開拓に役立ちます。新しいアイドルは、今Ｆ４が元気なうちから、彼らが歌ってる周りで機会あるごとにチョロチョロ踊らせて、Ｆ４好きの視界に入れると良いみたいです。これは、日本の伝統的なアイドル界のやり方で、永久的にアイドルを生み出していけます。

ただ、ちょっと問題があります。友達関係は同年代で成立しやすい。しかし、この手のオタクは、主におばさんに差し掛かった年代の人たちです。それと友達になるであろう同年代の台湾のおばさんおじさんが、アイドルの話を熱狂的に出来るのでしょうか？アイドルの調べモノを頼まれたり、コンサートに付き添ったりしなければならないかもしれません。話題が合わないと友達関係は長続きしません。となると、話題を共有する為に、タイプの全然違ったアイドルを生むのもいいと思います。例えば、Ｆ４じゃなくてＧ５とか名付けてみる。原住民の日本語読みは、genjumin なんで、原住民５人組なんていうのも良いのでは？私、丁度良い原住民のバンド知ってますし。で、それに飽きたら、Ｈ６。客家（客家語読み：hakka）の６人組。こんな変わり種アイドルだったら、私も台湾オタクと話が合って非常にウレシイ。

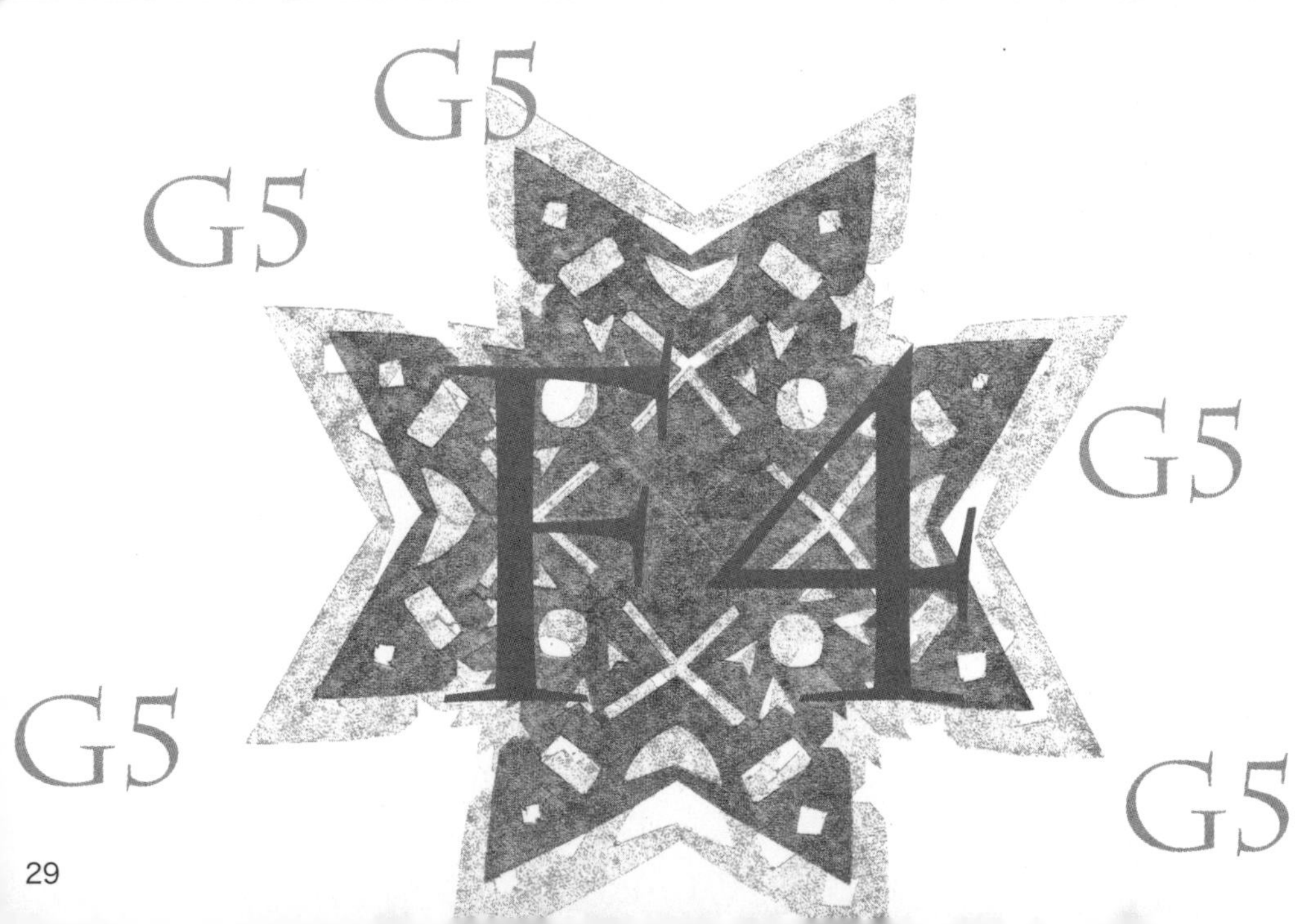

要迷上藝術寫真館就超簡單，讓他們去體驗那些不曾做過的事，很容易就會上癮的。但是，
這些宅族可能下次會自己偷偷來台灣直撲變裝寫真館，很難成為朋友一起玩耍吧。

剛學中文的人也有可能去中國留學的人，
只要對他們說，
「如果想留學，要來台灣喔。」
就行了。

変身写真館にハマらせるのは、簡単。やった事ない人になんとかして体験させると、かなりの割合でハマる。でも、この手のオタクはまた台湾に来ても、こっそり変身写真館に入り浸る傾向があるから、友達になっても遊べないかも。

中国語をかじり出した人は、中国にも留学しかねない。
だから、
「留学するんだったら、台湾に来てね。」
と言えばいい。

其實我也做過，化裝前正仔細地瞧著自己的臉。
実は私もやった。メイク前にお顔のチェック中。

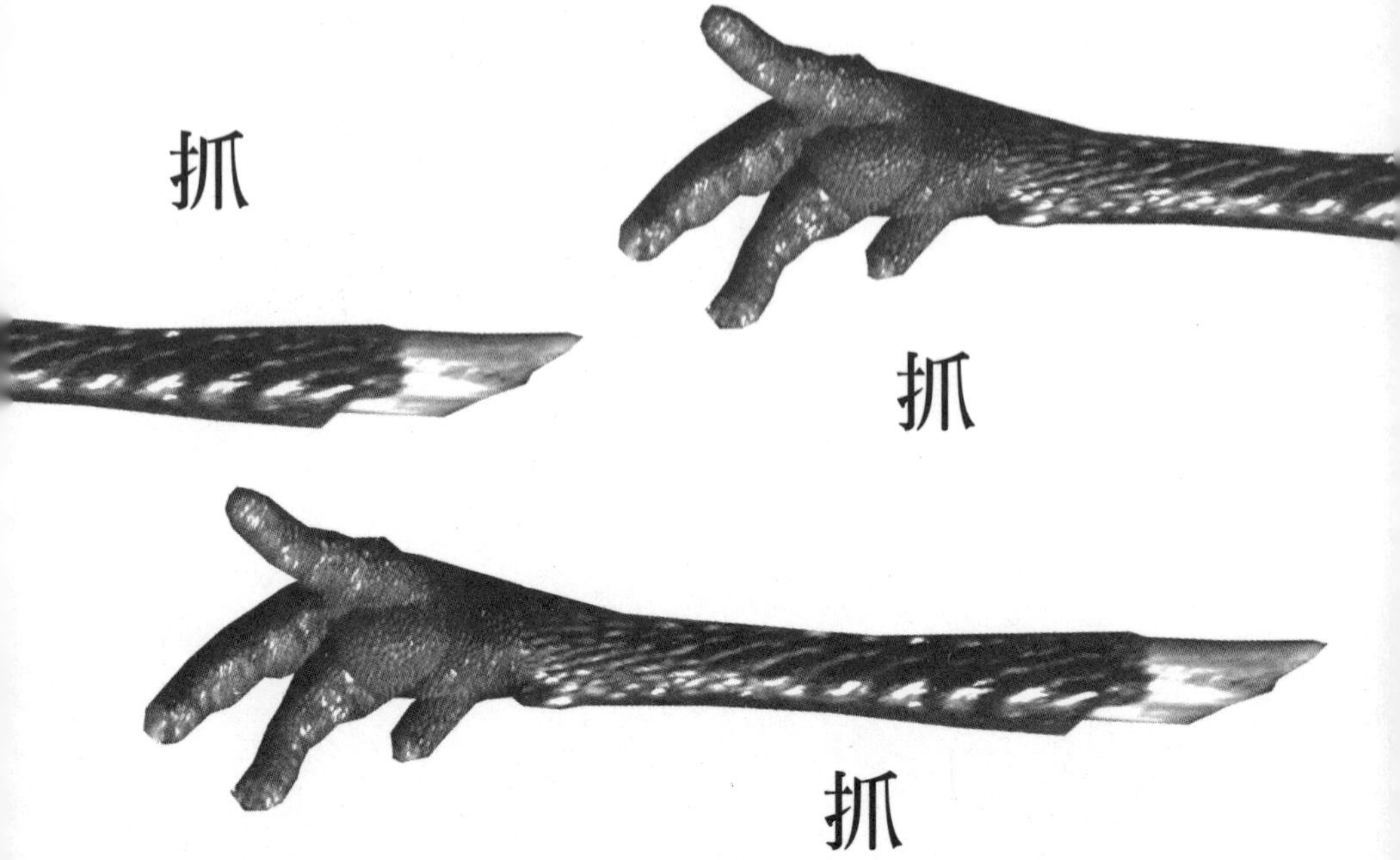

緊抓住對方的心，讓友情源源不斷的方法。

台灣人時常會說出很深奧有哲理的話。可能是因為受儒家思想的影響，且在學校有學過這些，台灣人時常說出讓日本人意料不到的有道理的話。即使是吊兒啷噹的年輕人也知道許多諺語，剛開始或許會覺得有點ＬＫＫ，等這種感覺過了後已留下深刻印象。一聽到這些安慰人的話、有好事時的祝福的話、分離時的俗語時，就像是精緻的禮物沁入人心。這種情感通常會持續很久。所以請多多使用四個字的成語！多說一些諺語！

心

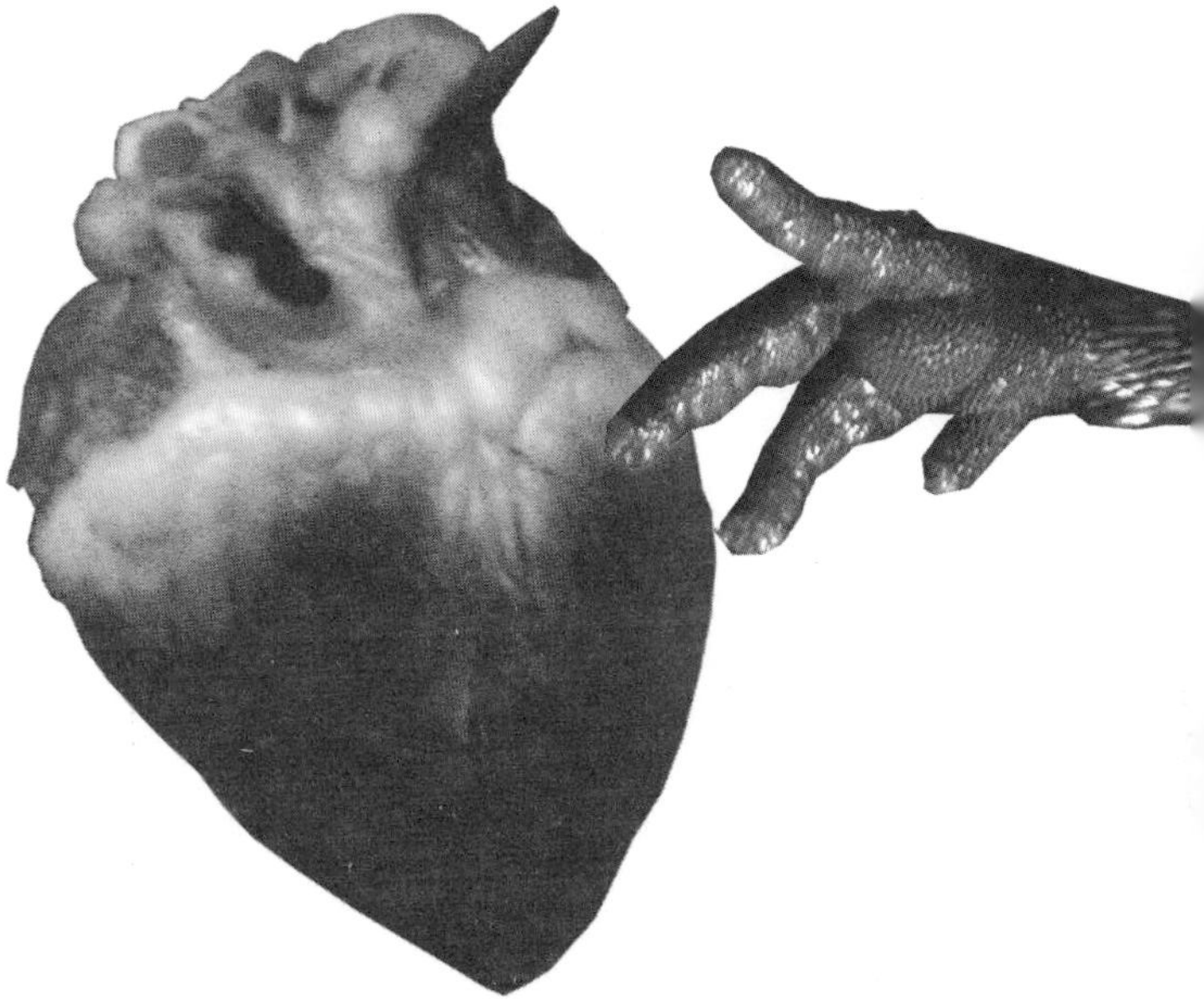

ハートを掴むという王道で友情を長続きさせるやり方

台湾の人は、時々、奥が深い事を言う。儒教とかなんとか、そういう物をちょっと学校で習ってるせいか、日本人に比べて意外とイイコトを言う。チャラチャラした若者でもやたらとよくことわざを知っている。初めはちょっとジジ臭いな、と思ったけどこれが弱ってるとき結構滲みてくる。慰めの言葉、イイコトがあった時のお祝いの言葉、別れの言葉に故事成語を言われると、一つ素敵なプレゼントされたようで心に沁みます。そういう感情って、長く続く。どんどん言おう四字熟語！どんどん使おうことわざ！

<結論>

基本上只要能時常連絡，即使語言不通，
只要彼此都想長久交往下去，一定有辦法的。
變成朋友後，與其帶日本人去觀光，不如讓他們見識台灣日常的生活風景是最棒的！
像是招待他們到家裡，或是自己住家附近，介紹日常的生活圈反而是更快樂的經驗。
這一章雖然寫了許多笨蛋事，但卻有其他旅遊書上看不到的台灣素顏，
我想說的是，這些都是台灣人的魅力所在。
這些一定能讓彼此很快成為好朋友。
但是，招待日本人到家裡時，別忘了這句話，
「請不要把衛生紙丟到馬桶裡。」
因為日本人會習慣把衛生紙丟入馬桶沖掉。

台湾日常的生活風景

<この章のまとめ>

基本的に互いによく連絡を取り合って、言葉が通じなくても
長続きしたいとお互い思えば、ウマくいきます。

友達になったら、観光に連れて行くより、普段の台湾を見せるのが一番！

お家に招待したり、お家の近所など、生活圏を案内してあげるのも楽しい経験となります。

この章では、馬鹿な事を書いてありますが、ガイドブックに載っていない素顔の台湾、
つまり、台湾の人の魅力を見せてあげてください、と言いたかったのです。

ぐっと深い仲になれるはず。

でも、お家に日本人を招待する時は
「トイレットペーパーは流すなよ」

と一言忘れずに言ってください。

日本人は、癖で流しちゃいますから。

附録

~深印我心的諺語~

~私が教えてもらった心に残ることわざ~

貨比三家不吃虧。

舊的不去，新的不來。

禮多人不怪。

多比較幾家後再買一定不會吃虧。
所以，在台灣賣同樣東西的店經常集中在一個地方，真是令人佩服。

何軒か見比べてから買えば損をしない、だそうです。だから、台湾ってよく同じモノ売ってる店が一カ所に固まって営業してるのか、と感心した。

舊的東西如果不走，新的東西也不會來。
人際關係的替換會那麼快或許就是因為這句話吧，現在的我很能明白。

古いのが去らなきゃ新しいのは来ない、だそうです。人間関係の入れ替わりが早いのもこの言葉のせいか、とよく分かった。

再多禮（或是送禮物）也不嫌奇怪。
很多台灣人很喜歡送禮和請客，
因為沒有人會因為多禮而被嫌棄，原來如此。

礼儀を尽くす人（贈り物をする）は怪しくない、だそうです。山のように贈り物や御馳走をする人が多いのは、怪しまれないようにか、と妙に納得した。